Los perros
de los presidentes

Grace Hansen

Abdo Kids Junior es una
subdivisión de Abdo Kids
abdobooks.com

Abdo
MASCOTAS PRESIDENCIALES
Kids

abdobooks.com

Published by Abdo Kids, a division of ABDO, P.O. Box 398166, Minneapolis, Minnesota 55439. Copyright © 2023 by Abdo Consulting Group, Inc. International copyrights reserved in all countries. No part of this book may be reproduced in any form without written permission from the publisher. Abdo Kids Junior™ is a trademark and logo of Abdo Kids.

Printed in the United States of America, North Mankato, Minnesota.

102022

012023

Spanish Translator: Maria Puchol

Photo Credits: Getty Images, Librry of Congress, Shutterstock PREMIER, ©Ronald Reagan Presidential Library and Museum/NARA p19

Production Contributors: Teddy Borth, Jennie Forsberg, Grace Hansen

Design Contributors: Candice Keimig, Pakou Moua

Library of Congress Control Number: 2022939379

Publisher's Cataloging-in-Publication Data

Names: Hansen, Grace, author.

Title: Los perros de los presidentes/ by Grace Hansen.

Other title: Dogs of presidents. Spanish

Description: Minneapolis, Minnesota: Abdo Kids, 2023. | Series: Mascotas presidenciales | Includes online resources and index.

Identifiers: ISBN 9781098265199 (lib.bdg.) | ISBN 9781098265779 (ebook)

Subjects: LCSH: Dogs--Juvenile literature. | Pets--Juvenile literature. | Presidents--Juvenile literature. | Presidents' pets--United States--Juvenile literature. | Spanish language materials--Juvenile literature.

Classification: DDC 973--dc23

Contenido

Los perros de
los presidentes 4

Más mascotas
presidenciales 22

Glosario 23

Índice 24

Código Abdo Kids . . . 24

Los perros de los presidentes

Casi todos los presidentes de Estados Unidos han tenido mascotas. ¡Muchos han tenido perros!

El presidente John Adams tuvo a Juno y a Satán. Fueron los primeros perros en la Casa Blanca.

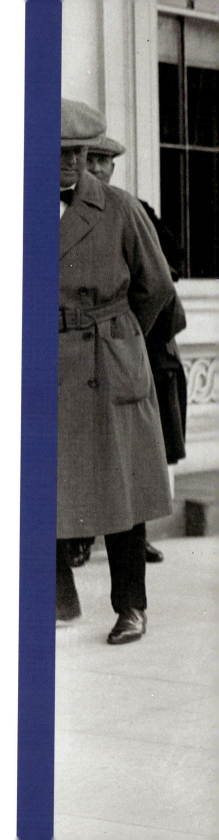

Laddie Boy era un terrier que perteneció al presidente Warren Harding.

airedale terrier

El presidente Herbert Hoover tuvo un perro que se llamaba King Tut. ¡Ganó las **elecciones** gracias a una **famosa** foto con él!

pastor belga

Fala era la **famosa** terrier del presidente Franklin D. Roosevelt. Eran inseparables.

terrier escocés

13

La familia del presidente Eisenhower tuvo una **queridísima** braco de Weimar. Se llamaba Heidi.

Dwight D. Eisenhower

15

La familia del presidente Johnson tuvo beagles. Dos de ellos se llamaron Him y Her.

beagle

La familia del presidente Reagan tuvo un spaniel. Se llamaba Rex y su casa de perro era una mini Casa Blanca.

Cavalier King Charles spaniel

Ronald Reagan con Rex

19

La familia del presidente Obama tuvo dos perros. Se llamaban Bo y Sunny.

Barack y Bo Obama

Más mascotas presidenciales

Grover Cleveland
Hector • Caniche

Benjamin Harrison
Dash • Pastor galés

George H. W. Bush
Millie • Springer spaniel inglés

Joe Biden
Champ • Pastor alemán

Glosario

elecciones

proceso en el que por votación se elige a una persona para ejercer un cargo.

famoso

muy conocido, del que se habla mucho.

queridísima

muy querido, muy apreciado.

Índice

Adams, John 6

airedale terrier 10

beagle 16

braco de Weimar 14

Cavalier King Charles spaniel 18

Eisenhower, Dwight D. 14

Harding, Warren 8

Hoover, Herbert 10

Johnson, Lyndon B. 16

Obama, Barack 20

pastor belga 10

perro de agua portugués 20

Reagan, Ronald 18

Roosevelt, Franklin D. 12

terrier escocés 12

¡Visita nuestra página **abdokids.com** y usa este código para tener acceso a juegos, manualidades, videos y mucho más!
Los recursos de internet están en inglés.

Usa este código Abdo Kids

PDK9254

¡o escanea este código QR!